CATALOGUE

D'UNE

PRÉCIEUSE COLLECTION

DE

TABLEAUX.

1811.

CATALOGUE

D'UNE PRÉCIEUSE COLLECTION

DE

TABLEAUX,

Dont la Vente publique se fera, au plus offrant et dernier enchérisseur et au comptant, le 11 mars 1811, et jours suivans, à six heures précises de relevée, rue Neuve-Grange-Batelière, au grand Hôtel de Choiseul.

L'Exposition publique en sera faite dans ledit lieu, les trois jours qui précéderont la vente, depuis midi jusqu'à trois heures.

LEDIT CATALOGUE RÉDIGÉ

PAR

CHARLES ÉLIE, Peintre,

Se distribue

A PARIS,

Chez
{
CHARLES ELIE, Peintre, rue de Savoie Saint-André-des-Arts, n.º 6;
MASSON jeune, Commissaire-Priseur, rue Thévenot, n.º 21.

"

AVERTISSEMENT.

Pour fixer l'opinion publique d'une manière juste et précise sur la nature , la qualité et l'origine des Tableaux dont la vente nous est confiée , il convient peut-être de dire ici que ces Tableaux , sans avoir été annoncés par la voie des journaux, cependant ont été vus l'été dernier par un grand nombre de princes et seigneurs étrangers, par les connaisseurs et les artistes les plus distingués de la capitale, et que les uns et les autres , dépouillés de toute passion ni mus par aucun intérêt , et après un examen scrupuleux , ont reconnu ces Tableaux pour être des originaux , et pour être des maîtres auxquels ils sont attribués : tels sont les *Raphaël d'Urbin* , sous le n.º 1 du Catalogue ; les *Dominiquin* , sous les n.ºˢ 3 et 4 ; *Salvator,* n.º 6 ; *Jules Romain, Titien, Le Guide,* n.ºˢ 7, 8 et 9 ; *P. H. Wouvermans,* n.ºˢ 34 et 35 ; *J. Ruisdaal,* n.º 38 ; *A. Cuip,* n.º 49 ; *Poussin,* n.ºˢ 59 et 60 ; *Claude Lorrain,* n.º 66, *etc.* Ils ont déclaré en outre avoir vu une grande partie de ces Tableaux dans les palais et édifices publics de Rome, notamment les huit sibylles et prophètes, à Sainte-Marie-Majeure, acquis par le pape Pie VI, pour son neveu le prince Braschi ; *le Raphaël, Salvator,* etc., dans le palais Farnèse et autres.

Ces témoignages non mendiés, rendus avec franchise et vérité, sans prétention et comme d'abondance, nous ont paru de nature à être rapportés ici.

Nous espérons et nous pensons que le public connaisseur confirmera aujourd'hui les opinions énoncées par ces autorités respectables, qui sont aussi les nôtres.

CATALOGUE

D'UNE PRÉCIEUSE COLLECTION

DE

TABLEAUX.

ÉCOLE ITALIENNE.

RAPHAEL D'URBIN.

Peint sur bois. — Hauteur, 41 pouces; largeur, 33.

1. — Au milieu d'un Paysage, paraît la Vierge assise; sa tête inclinée sur l'épaule, est couverte d'un voile de gaze, et une tunique rouge forme son vêtement; sur ses genoux est jeté une large draperie bleue, au bas de laquelle on lit ces mots en caractère d'or : RAPHAELLO VRB. M. D. VI. A sa droite est le Divin Enfant, à qui elle donne la main pour l'aider à

monter sur ses genoux; à gauche, le petit Saint-Jean, s'appuyant sur la cuisse de la Vierge, sourit malicieusement des vains efforts de l'Enfant Jésus : l'attitude de la Vierge est gracieuse; sa belle figure, empreinte de tristesse, semble pressentir le sort qui attend son fils. Cette tête était primitivement vue de profil; la trace de cette première pensée est très-visible encore : il paraît hors de doute que Raphaël, n faisant un changement aussi marquant à son Tableau, a voulu complaire a une de ses maîtresses, dont il a fait ici le portrait. On croit que c'est la belle Boulangère, *la Fornarella.*

Ce Tableau, de la seconde manière de Raphaël, paraît avoir été fait à Florence, lorsqu'il sortait de l'école du Pérugin, et qu'il cherchait à imiter les beaux ouvrages de Léonard de Vinci.

Annoncer un tableau de Raphaël entre les mains d'un particulier, c'est donner l'éveil à la critique, qui, sans examen d'abord, le condamne; et nous pouvons ajouter que la prévention du public contre

lès ouvrages de ce maître trouvés autre
part qu'au Musée, est telle, que s'il était
possible pour un moment d'en transporter
un de ceux bien connus, bien admirés au
Musée, hors de son enceinte, nous ne
faisons aucun doute qu'il ne fût à l'instant
même jugé et condamné comme copie. Ne
pourrait-on pas expliquer ainsi cette bizar-
rerie? que tel, pour avoir l'air connaisseur,
est tranchant dans sa décision, et que tel
autre, ne l'est peut-être que par légèreté
ou pour déprécier l'ouvrage. Ce n'est point
ainsi que le véritable connaisseur s'an-
nonce; c'est avec une sorte de recueille-
ment, avec méditation, qu'il regarde,
compare, oppose, juge sans passions et
prononce sur les ouvrages d'importance.
Ce sont ces dispositions qu'il convien-
drait d'apporter pour juger l'ouvrage que
nous décrivons, qui nous paraît avoir un
caractère d'originalité irrécusable et qui
a été reconnu pour tel par des personnes
dignes de foi, qui ont retrouvé dans tous
les détails, et jusque dans le repentir de
la tête, le cachet d'originalité qu'ils lui

ont assigné : telle est aussi notre opinion , que nous osons émettre après ces autorités respectables.

RAPHAEL (École de).

Peint sur toile.—Hauteur, 17 pouces; largeur, 1 r.

2. —Ce Tableau, représentant la Vierge, l'Enfant Jésus et St.-Jean, ornait autrefois le cabinet du président d'Aiguillis à Aix , et a été gravé par *Coëlman* , avec la description de Mariette , qui le donne à Raphaël ; il nous paraîtrait plutôt un ouvrage du Barroche, dans le goût de Raphaël. Ce Tableau a beaucoup souffert lorsqu'il a été enlevé sur bois et reporté sur toile.

DOMINIQUIN.

Peint sur toile.—Hauteur, 48 pouces ½; largeur, 34.

3.—De grandeur naturelle et vu à mi-corps, Saint-Sébastien attaché à un arbre , les bras au-dessus de la tête , vient de recevoir les traits que lui a fait décocher

Dioclitien, par lequel il fut condamné à mourir à coup de flèches. On aperçoit dans le lointain ses bourreaux qui fuient avec sa dépouille.

Ce serait trop présumer que de prétendre, par une simple description, analyser ici les beautés dont cette figure est remplie. La correction du dessin, la grace naturelle et la noblesse de l'attitude ; la beauté du coloris, mais surtout la vérité de l'expression, sont portés au plus haut degré de perfection : la vue seule de cette figure, l'intérêt qu'elle inspire, le sentiment mélancolique dont elle pénètre le spectateur, vaut mieux que le plus pompeux éloge ; et c'est avec raison que le fameux Poussin disait, en voyant les ouvrages du Dominiquin, qu'il ne connaissait point de peintre, après Raphaël, qui sût, aussi bien que lui, exprimer les passions : ce témoignage peut servir d'autorité.

PAR LE MÊME.

Peint sur toile.—Hauteur, 26 pouces ½ ; largeur, 34.

4. — Il est de ces ouvrages qui, à la

première vue commandent d'abord l'admiration par un certain grandiose, par la composition, la beauté du style et la fierté de l'exécution ; tel est le sentiment qu'on éprouve à la vue de ce beau Paysage historique, dans lequel le peintre a placé le sujet de Latone qui change en grenouilles des paysans qui lui avaient refusé de l'eau; déjà quelques-uns ressentent l'effet de sa vengeance. A droite, et du milieu de divers arbustes, s'élève un beau groupe d'arbres, balancé du côté opposé par un rocher entouré de broussailles dans le bas : le milieu offre, sur un plan reculé, des fabriques du meilleur goût, baignées par une rivière; une chaîne de montagnes termine le fond, qui se détache sur un ciel nuagé et pluvieux.

On reconnaît aisément par cet ouvrage, que ce n'est que d'après nature que le Dominiquin travaillait : à la beauté du site, il a su joindre ici l'intérêt du sujet et tout le charme de l'exécution.

DOMINIQUIN (Attribué au).

Peint sur toile.—Hauteur, 25 pouces ; largeur, 18.

5.—La Tentation de Saint Antoine, entouré de démons. Il semble implorer le
ciel, dans lequel il aperçoit le Sauveur
soutenu par des Anges.

SALVATOR ROSA.

Peint sur toile. — Hauteur, 7 pieds 3 pouces ;
largeur , 9 pieds.

6.—Les sujets neufs , extraordinaires ,
et qui n'avaient point encore été traités
par aucun artiste, étaient ceux dont l'immense génie de Salvator s'emparait : il les
représentait avec cette originalité , cette
imagination brûlante , impétueuse , cette
fougue de pinceau qui n'appartenait qu'à
lui, et que nul n'a su imiter.

La réunion de quatre philosophes célè-
bres est le sujet poétique que le peintre a
voulu nous offrir dans ce tableau. Là , Dé-
mocrite assis par terre et riant presque aux

éclats des folies humaines, se penche sur la boule du monde placée près de lui, et sur laquelle il paraît indiquer quelque chose de la main droite, tenant de l'autre un papier sur lequel on lit ces mots : *Unum hominem rideo*. Du côté opposé, Héraclite, debout, vient de jeter ses tablettes, sur lesquelles il a tracé : *ó misera hominum memoria*. De son pied droit il semble repousser la terre, tandis que, de ces deux mains il cherche à essuyer les larmes que les erreurs humaines lui font répandre. Socrate , placé entre ces deux personnages, paraît méditer sur l'esprit de ces philosophes. Un roi d'Égypte, assis à droite, sur un plan plus élevé, est le quatrième personnage qui termine ce groupe. Dans sa main il tient un livre ouvert, et y indique ce passage : *Omnia tempus habent*. On distingue dans le lointain des fabriques et des montagnes. Cette composition s'enlève sur un fond du ciel.

Ce n'est qu'avec lui-même que cet ouvrage, une des plus étonnantes et des plus capitales productions de ce célèbre Napolitain, peut être comparé, pour la justesse de la pantomime et de la composition. L'expression, la couleur et le dessin, tout est rempli d'ame, de vie et de mouvement; et jusque dans le lointain, on retrouve la touche hardie, *insolente,* de ce fier italien.

Tout le monde connaît la rareté et la difficulté de se procurer des ouvrages vrais de ce grand peintre, et le prix élevé auquel lui-même et les amateurs les ont portés : il en circule quelques-uns de Bartholomeo Torregiani, qu'ils confondent souvent avec ses productions.

JULES ROMAIN.

Peint sur bois.—Hauteur, 17 pouces; largeur, 11.

7.—Si quelque chose peut donner l'idée de la perfection en peinture, sous le rapport de la beauté et de la pureté du dessin, la noblesse de l'expression, la grâce et l'élégance dans l'attitude, et surtout cette belle simplicité, si grande dans la composition, le moelleux du pinceau et le large des draperies, c'est sans doute le beau tableau que nous décrivons, représentant la Vierge assise, soutenant l'Enfant Jésus nu et debout sur ses genoux, caressant sa mère, dont la physionomie est remplie de douceur et de modestie. Derrière ce groupe, on voit Sainte Élisabeth debout, les bras ouverts, et la tête ayant l'expression de la douleur. Ce tableau, gravé par Marc-Antoine, a constamment été attribué à Raphaël, qui ne l'aurait point démenti.

LE TITIEN.

Peint sur toile.—Hauteur, 26 pouces ; largeur, 38.

8. — Au milieu d'un Paysage on voit une belle femme nue, couchée sur une draperie rouge et endormie ; derrière elle et à ses pieds, est un jeune enfant qui, de ses deux mains lève sa chemise et pisse. Sans chercher ici à pénétrer et à expliquer la pensée du maître, dans ce sujet plaisant, nous pouvons assurer que ce morceau réunit la grâce et le moelleux du pinceau, à l'abandon et à un tour aisé et naturel dans

l'attitude. Le peintre a su animer cette figure de la teinte la plus brillante, et avec tout l'art qui convenait pour obtenir l'effet le plus heureux C'est par ces moyens et avec cette magie, que ce célèbre coloriste a atteint la perfection dont nos modernes ignorent encore les secrets ; et c'est par eux que Le Titien a été proclamé le prince des coloristes.

LE GUIDE.

Peint sur toile.—Hauteur, 16 pouces ½ ; largeur, 11.

9.—Le martyre de Sainte-Cécile est le sujet que le peintre a représenté dans ce charmant petit Tableau du ton de couleur le plus argentin et le plus séduisant. La Sainte, attachée à un pilier, les mains derrière le dos, tourne vers le ciel ses regards pleins de ferveur et de religion, tandis que le bourreau, armé de sa pince est prêt à la martyriser. Dans le haut du Tableau, un petit Ange, sur des nuages, apporte la palme et la couronne du martyre. Le fond est un paysage peint avec une grande légèreté, et le sujet se détache sur un ciel clair.

Avec quel art Le Guide a su intéresser et attacher dans cette composition de deux figures seulement, par l'expression et le contraste qu'il a imprimés à chacune d'elles. Ici une femme remplie de grâces, dans une attitude pénible, mais noble, se soumet par un saint mouvement et avec l'expression de la béatitude, au tourment que le bourreau, placé devant elle, armé d'une tenaille, est prêt à lui faire ressentir.

Nous nous plaisons à croire que ce charmant petit Tableau sera apprécié par les vrais connaisseurs, qui savent avec quelle difficulté on se procure des tableaux vrais de ce maître.

LE GUIDE.

Peint sur toile.—Hauteur, 31 pouces; largeur, 27.

10.—Lucrèce se donnant la mort; figure vue à mi-corps, proportion de nature. De la main gauche elle découvre le sein qu'elle perce : la tête offre l'expression

d'une douleur vraie. Ce morceau est largement peint.

CARRACHE (Annibal).

Peint sur toile.—Hauteur, 33 pouces; largeur, 26.

11.—Le Christ au Roseau, vu à mi-
corps et de grandeur naturelle. De la
main gauche il tient le roseau, de l'autre,
il soutient son coude : sa tête tournée
de trois quarts, et un peu inclinée sur
l'épaule gauche, est couverte d'une draperie de couleur grisâtre et qui retombe
sur ses épaules ; ses mains sont garottées,
et sur son front est placé la couronne
d'épines. Ce morceau, d'un grand caractère,
est de la plus grande vigueur, et fort de
dessin et de couleur.

CARRACHE (Antoine .

Peint sur toile.—Hauteur, 9 pouces; largeur, 11.

12. — Dans une crèche, les Bergers

accourent adorer le Divin Enfant, que sa mère offre à leur regard.

GUERCHIN.

Peint sur toile.—Hauteur, 19 pouces; largeur, 39.

13.—La Vierge, assise et vue de profil, présente l'Enfant Jésus à Saint-François, qui lui tend les bras. Derrière la Vierge, sont deux Anges dans l'attitude du respect et de l'admiration, et dans les nuages, on distingue des Chérubins. Les tableaux de chevalet de ce maître sont si rares, qu'on en rencontre très-peu dans les cabinets. Celui-ci joint à cette qualité celle d'un excellent ton de couleur, et d'une parfaite conservation.

ANDRÉ SOLARIO.

Peint sur bois.—Hauteur, 21 pouces; largeur 22.

14. — Une belle femme vue à mi-corps, la tête tournée de trois quarts, est couverte d'un léger voile blanc, et sa chevelure blonde et ondulée tombe sur sa poitrine :

dans ses mains elle tient une mandoline qu'elle fait résonner sous ses doigts, et paraît s'écouter avec plaisir : devant elle est un livre de musique ouvert.

SASSO FERRATO.

Peint sur toile.—Hauteur, 17 pouces; largeur 13.

15.—Assise sur un appui de fenêtre, la Vierge, la tête tournée de trois quarts, et coiffée d'un voile qui retombe sur ses épaules : elle est couverte d'une draperie de ton violet, et sur son bras droit est jeté un manteau bleu qui, descendu, recouvre ses cuisses. Elle tient l'Enfant Jésus qui la caresse : son regard est modeste, son expression remplie de candeur. A la grâce qui règne dans cette composition, au tour aisé et naturel dans les poses, et à la noblesse des traits de la Vierge, on prendrait d'abord cet ouvrage pour être de Raphaël lui-même.

ANDRÉ SACCHI.

Peint sur toile.—Hauteur, 25 pouces ; largeur 18.

16.—Accablé sous le poids de la croix, Jésus essaye à se relever, quand les bourreaux le chargent encore. Près de lui, une Sainte Femme à genoux porte le Saint-Suaire ; et plus loin, un homme à cheval paraît donner des ordres.

JORDANE (Lucas).

Peint sur toile.—Hauteur, 46 pouces ; largeur, 51.

17.—Dans un intérieur orné de la plus belle architecture, le peintre a représenté avec magnificence le sujet des Noces de Cana, enrichi d'un grand nombre de figures, parmi lesquelles on distingue, à droite, le Christ assis à une table demi-circulaire, fixant l'attention des nombreux convives. On reconnaît dans cet ouvrage la brillante imagination de ce peintre, et la facilité avec laquelle il imitait les ouvrages de tous les maîtres, qui souvent s'y sont trompés eux-mêmes. Dans celui-ci, Jordane nous rappelle le beau tableau de Paul Veronèse, représentant le même sujet. La composition s'enchaîne et se groupe avec autant d'art : et sous le rapport de la couleur et la distribution de la lumière, celui-ci ne le cède en rien à ce célèbre Vénitien.

CALABROIS (Le Chevalier).

Peint sur toile.—Hauteur, 46 pouces ; largeur, 51.

18.— Le Christ, enveloppé d'une draperie blanche qui voltige derrière sa tête, paraît au milieu d'un groupe de trois personnages, et livre sa blessure à l'incrédule Thomas dont celui-ci, tout en la touchant du doigt, semble douter encore. Ce morceau vigoureux se ressent beaucoup des longues études que cet artiste a faites dans l'école du Guerchin.

PARMESAN.

Peint sur toile.—Hauteur, 47 pouces; largeur, 35.

19. — L'Enfant Jésus couché sur un

oreiller blanc, posé sur une table couverte d'un tapis vert, la Vierge qui l'emmail-lotte ; et près d'elle Sainte-Catherine qui contemple avec respect l'Enfant Divin, sont les trois figures qui composent ce Tableau. C'est faire suffisamment l'éloge de ce morceau, que d'annoncer qu'il ornait la collection de Louis XIV, et par suite celle de la duchesse de Narbonne.

MICHEL ANGE BUONAROTI.

Peint sur toile.—Hauteur, 6 pieds ; largeur, 4 pieds.

20.—La sibylle de Cumes.

Figure de forte proportion, vue de trois quarts; elle est assise sur des nuages, tient une tablette de la main gauche, sur laquelle elle vient de tracer une prédiction relative à la naissance du Christ; elle appuye sa tête sur l'autre main, et paraît se livrer à ses pensées.

PAR LE MÊME.

Même hauteur et largeur que dessus.

21.—La sibylle Tiburtine,
Faisant pendant à la précédente, tenant

aussi une tablette sur laquelle elle vient d'écrire.

TIMOTHÉE D'URBIN.

Même hauteur et largeur que dessus.

22.—La sibylle de Delphes vient aussi de tracer ses prédictions. Cette figure est d'après le dessin de Michel Ange.

PAR LE MÊME.

Même hauteur et largeur que dessus.

23.—La sibylle Erithnée, pendant de la précédente, prise au moment où elle écrit.

RAPHAEL DELCOLLE.

Même hauteur et largeur que dessus.

24.—Le prophète Eséchiel assis sur des nuages et vu de face, tenant une tablette de la main gauche, et appuyant l'autre sur ses genoux.

JULES ROMAIN (École de).

Même hauteur et largeur que dessus.

25.—Le prophète Isaïe vu de profil, faisant pendant au précédent.

PARMESAN.

Même hauteur et largeur que dessus.

26.—Le prophète David. Il est vu de face, tenant un sceptre de la main gauche, et de l'autre son manteau.

PAR LE MÊME.

Même hauteur et largeur que dessus.

27.— Le prophète Salomon. Cette figure fait pendant à la précédente : elle est assise sur des nuages ; près d'elle est placée une table sur laquelle elle est prête à écrire. Ces huit figures, de forte proportion, sont du plus grand caractère, toutes variées et largement drapées. Cette suite, du plus grand intérêt, ornerait aussi bien la gallerie d'un souverain, que le cabinet d'un amateur.

RAPHAEL D'URBIN.

Dessin sur papier. — Hauteur, 17 pouces $\frac{1}{2}$; largeur
11 pouces $\frac{1}{3}$.

28. — L'Ange terrassant le Démon, dessin précieux du grand Tableau que possède le Musée Napoléon.

Ici personne ne pourra méconnaître que c'est la main de Raphaël qui a tracé en grands caractères ce beau dessin. Il serait à désirer que le Musée Napoléon fît l'acquisition de ce rare Dessin pour faire suite à sa précieuse collection.

ÉCOLE FLAMANDE.

VLEUGHEL (Chevalier).

Peint sur cuivre.—Hauteur, 8 pouces; largeur, 11.

29 —Au sortir du bain, Mars et Vénus sont entourrés d'amours qui président à leur toilette et répandent des parfums autour d'eux. Ce tableau gracieux est d'une belle teinte et fonte de couleur.

BERGHEM (Nicolas).

Peint sur toile.—Hauteur, 53 pouces; largeur, 38.

3o.—Sur le devant d'un Paysage de la plus belle ordonnance, un cavalier sur un cheval blanc et armé d'un fusil, paraît indiquer le rendez-vous de chasse à une femme qui, près de lui, se dispose à monter un cheval gris, tenu par un piqueur, tandis qu'un autre harcelle un chien. La droite offre des montagnes et un arbre de la plus belle forme qui s'élève dans les nues : au milieu, sur une hauteur, on voit une maison villageoise. Le fond offre des montagnes qui se détachent sur un beau ciel.

Rien ne justifie mieux la haute réputation que ce paysagiste s'est acquise dans cette partie de la peinture, que le Tableau que nous décrivons ici, et qui nous a paru réunir à la beauté du site un beau choix dans les arbres, un feuillé d'une touche ferme et spirituelle, et l'air qu'il a su introduire dans ce Tableau, qui circule partout, semble détacher chaque partie l'une de l'autre.

BERGHEM (Nicolas).

Peint sur toile.—Hauteur, 25 pouces; largeur, 36.

31. — Un chariot couvert attelé de deux bœufs de front, deux chevaux en flèche, conduits par un charretier, occupent et traversent tout le devant du Tableau; à droite, et près du chariot sont deux femmes, suivies par un chien, et devant elles deux moutons qui suivent la caravane. La marche est ouverte par un pâtre ayant un panier au

bras : le fond indique un Paysage orné d'abres, fabriques et montagnes ; la droite offre un beau groupe d'arbres placés sur une montagne dans l'ombre et se détachant sur un ciel indiquant l'heure du matin. Au site et au ton de couleur un peu roussâtre, que ce maître a introduit dans ce Tableau, on reconnaît sa manière de peindre en Italie, où cet ouvrage paraît avoir été fait.

THOMAS-WICK.

Peint sur bois.—Hauteur, 15 pouces ; largeur, 11.

32. — Devant une maison rustique, le peintre a placé un groupe de deux femmes, un enfant et un pâtre couché, ayant son chien près de lui : à gauche est une fontaine d'un bon style. Ce Tableau suave est peint dans la manière de Dietrich.

MAYER.

Peint sur cuivre.—Hauteur, 15 pouces ; largeur, 20.

33. — Deux Tableaux faisant pendans ; l'un représente l'intérieur d'un laboratoire de chimie. Sur le devant, et près

d'une table couverte d'un tapis bleu, est assis un médecin aux urines tenant un livre ouvert, expliquant à un sien confrère, venu pour le consulter sur cette matière, avec une fiole en main, le passage qui en traite; à droite, deux personnages près d'un fourneau, soignent des alambiques. Dans l'autre, un botaniste, l'herbier sous le bras, arrive et consulte ses maîtres, assis près d'une table, sur la famille d'une plante qu'il vient de leur apporter; à gauche sont de jeunes étudians.

WOUVERMANS (P. H.).

Peint sur toile.—Hauteur, 24 pouces ; largeur, 27.

34.—Sur une grande étendue de terrain placé au devant d'un bourg Wouvermans a voulu représenter un marché aux chevaux : l'immense quantité de personnages et d'animaux qui y sont rassemblés sur les différens plans, et tous dans des attitudes vraies et variées, nous porte à croire que c'est d'après la nature même qu'il a tracé ce fidèle portrait : là, un cavalier et sa femme font essayer un

cheval alzan, par leur écuyer qui l'em-
barque au galop, et devant lequel fuient
des enfans effrayés, tandis que le maqui-
gnon, enveloppé dans sa capotte, attache
ses regards sur les mouvemens de son
cheval. Plus loin, des palefreniers font
trotter des chevaux de mains. Ici se con-
cluent des marchés pour des chevaux
rangés devant une mangeoire; des can-
tiniers, des hommes, des femmes à cheval,
des carrosses, des chariots, un spectacle
forain, et une multitude innombrable de
personnages jusque dans l'extrême lointain, animent cette charmante composition, dont le ton de couleur, le fond et la
finesse du pinceau seront appréciés par les
connaisseurs, comme un des ouvrages les
plus marquans et des plus parfaits de cet
habile peintre, qui n'eut jamais d'égal.

WOUVERMANS (P. H.).

Peint sur bois. — Hauteur, 17 pouces; largeur, 23.

35. — Celui-ci, quoique d'une manière
un peu plus rembrunie, et fait en Italie,

n'en est pas moins traité avec cette légèreté et délicatesse du pinceau, cette touche vive et spirituelle qui caractérise les meilleures productions de cet habile homme. Ce morceau, peint avec cette chaleur qu'inspirait à tous les artistes les beaux ouvrages des maîtres italiens, offre des cavaliers et nombre de chevaux devant des tentes placées à droite : des hommes, des femmes et des chevaux occupent le côté opposé de ce Tableau, dont le fond de Paysage du meilleur goût, s'enlève sur un ciel peloté avec une grande habileté. En plaçant ce Tableau dans son vrai jour, l'œil y découvre des détails sans nombre et précieusement faits. Nous invitons au surplus les amateurs à fixer cet ouvrage avec attention pour y découvrir tout son mérite, qui échappe d'abord au premier coup-d'œil.

WOUVERMANS (P. H.).

Peint sur toile.—Hauteur, 9 pouces; largeur, 10.

36. — Devant une jolie maison de cam-

pagne, une dame montée sur un cheval
blanc, accompagnée d'un cavalier qui
porte un parasol, se dispose à faire une
promenade, tandis que deux autres personnages descendent un escalier pour
assister au départ. Le fond offre un
Paysage léger, et des montagnes dans le
lointain. Ce Tableau, de petite dimension,
est très-coquet dans sa composition, aussi
bien que dans son exécution.

VANDENVELDE (Adrien).

Peint sur toile.—Hauteur, 18 pouces ; largeur, 22.

57.—Le spectacle d'une belle campagne,
dans la saison d'été, et éclairé par un
soleil couchant, est l'image charmante que
le peintre nous offre dans ce riant Paysage
orné de figures représentant le sujet d'un
retour de chasse ; à gauche, un cavalier
et sa femme passent derrière une charrette
qui file dans un chemin creux ; plus loin,
des piqueurs ramènent la meute, et à
droite est une chaumière entourée d'arbres,

tandis qu'au milieu et à l'autre extrémité
du Tableau, le peintre a placé des groupes
d'arbres. La réputation de Vandenvelde
est trop bien établie pour qu'il soit néces-
saire ici d'entrer dans quelques détails sur
le mérite de ce Tableau; nous nous bor-
nerons simplement à observer, que pour
se faire une idée juste du charme, de
l'harmonie, de la magie, de la lumière,
d'un ton de couleur suave, et d'un pinceau gras et moelleux, ainsi que du léger
feuillé des arbres, c'est un Vandenvelde
seul qui peut en donner une juste idée.

JACQUES RUISDAAL.

Peint sur bois.—Hauteur, 27 pouces; largeur 40.

38. — De belles masses d'arbres, des
montagnes, des plaines, des fabriques,
une rivière, un beau ciel, combinés et
pelotés avec un goût et un art infini,
composent cet admirable paysage pittoresque, orné de figures sur les différens
points, par Nicolas Berghem. A la gauche,
et sur un terrain qui s'élève graduellement,

et frappé par le soleil, couvert d'herbe et de sable par intervalle , se groupent deux beaux arbres, devant une autre masse d'arbres touffus, offrant l'entrée d'un bois. Le milieu présente des monticules couvertes de mousse, se pyramidant et couronnées à leur sommet d'arbustes qui se lient à une plaine vers l'extrêmité opposée, bordée par une rivière qui se répand sur le devant, et dans laquelle un cerf sorti du bois , chassé et poursuivi par un cavalier et ses chiens, vient de se précipiter. Dans la partie la plus élevée , on voit un clocher, près d'une montagne ; un ciel lumineux termine ce bel ouvrage, que l'œil parcourt avec intérêt dans ses capricieuses inégalités : tantôt enfoncée dans l'épaisseur du bois , l'imagination se livre à de douces rêveries ; tantôt placée près du clocher, elle contemple avec ravissement l'admirable spectacle de la nature. Là, près de la rivière, elle est distraite par la vue d'un chasseur qui s'élance après le cerf prêt à lui échapper.

Ce sont ces sortes d'ouvrages qui ,

réunissant la beauté et le pittoresque du sujet au grand talent que l'artiste y a déployé dans l'exécution, qui doivent fixer le goût et le choix des amateurs éclairés d'autant plus, que des productions de cette qualité et de cette importance, se rencontrent rarement dans la curiosité.

RUISDAAL.

Peint sur bois.—Hauteur, 14 pouces; largeur, 19.

39.—Dans ce beau Paysage, lestement traité, Adrien Vandenvelde a placé des figures et des animaux.

TERBURG (Gérard).

Peint sur toile.—Hauteur 29 pouces, largeur, 24.

40.—Au milieu d'une partie de sa famille et de quelques soldats, le Stathouder, assis dans une des salles du conseil, y fait introduire les membres qui doivent le composer. On distingue dans le fond, à travers une porte ouverte, un des officiers qui ouvre la marche; et sur le devant, un militaire armé d'un fusil, est chargé de la police intérieure. Diverses parties d'armures, un drapeau, un tambour, ornent cette salle, de la plus belle architecture. Ce morceau d'un beau ton de couleur, gracement peint, et d'un effet piquant, offre un sujet intéressant. Il existe peu de tableaux de ce maître aussi riches en figures.

MIERIS (François).

Peint sur toile.—Hauteur, 20 pouces ½; largeur, 16.

41.—Un paon, un cigne, des lièvres, une tête de sanglier, etc., placés sur un banc au milieu d'un vestibule, et divers instrumens de chasse suspendus, composent ce tableau d'un fini précieux et velouté, et où toutes les parties sont rendues avec beaucoup de recherche et d'une fidelle imitation de la nature.

PAR LE MÊME.

Peint sur bois —Hauteur 6 pouces; largeur, 5.

42.— Mieris s'est représenté lui-même

assis devant son chevalet, et tenant sa
palette en main. Ce morceau, dans lequel
toutes les parties sont également soignées,
d'un fini précieux, offre un mérite de plus
par le portrait de l'auteur.

RUBENS.

Peint sur toile.—Hauteur, 24 pouces; largeur, 20.

45. —Une mère jouant avec son enfant
couché sur un oreiller, et pressant son
sein, fait jaillir du lait dans sa bouche. Un
brillant ton de couleur caractérise cet
ouvrage.

MOUCHERON (Frédéric).

Peint sur toile.—Hauteur, 15 pouces; largeur 18.

44.—Vue d'un Paysage coupé horizon-
talement par une rivière qui va serpentant
jusqu'à l'horizon, en baignant de droite et
de gauche des montagnes ornées d'arbustes. Le premier plan est couvert de monticules couronnées d'arbres et de pâturages;
à gauche est une belle masse d'arbres. Ce
tableau, traité par un pinceau léger et

suave, offre, avec un bon ton de couleur, une parfaite harmonie.

PINAKER (Adam).

Peint sur bois.—Hauteur, 20 pouces; largeur, 19.

45.— Un Paysage d'un ton mystérieux, présente, à droite, des rochers à pic surmontés de fabriques et entourés d'arbustes : du milieu du rocher s'échappe une source qui se précipite en cascade dans une rivière au bord de laquelle on voit un pêcheur à la ligne ; plus loin, une masse d'arbres se prolonge jusqu'à l'extrémité opposée du tableau ; et sur le premier plan, on voit un pâtre assis sur une branche renversée : un arbre du plus léger feuillage balance le côté opposé de la composition. Un ciel indiquant un soleil couchant, éclaire ce tableau.

POELEMBOURG (Corneille).

Peint sur toile.—Hauteur, 9 pouces ; largeur, 13.

46.— La fable ingénieuse de Céphale et Procris, forme ici le sujet principal de ce tableau, dont le fond est un paysage avec fabriques. Procris mourante, est étendue sur une draperie jetée sur l'herbe ; près d'elle est Céphale, qui va se donner la mort. Rien de plus fin pour le ton de couleur, et de plus moelleux que le pinceau. Le paysage et les fabriques sont rendus avec beaucoup de légèreté.

MEULEN (Vander).

Peint sur toile.—Hauteur, 9 pouces; largeur, 14.

47.— Une escarmouche entre des cavaliers. Ce tableau est des premiers temps de l'homme.

ROTHENAMER (Jean).

Peint sur cuivre.—Hauteur, 8 pouces $\frac{1}{2}$; largeur, 6 pouces $\frac{1}{2}$.

48.—Malgré le sérieux du sujet, qui représente l'Adoration des Bergers, le peintre, autant par sa composition que par sa touche spirituelle, a su imprimer à cet ouvrage une sorte de coquetterie qui plaît et qui charme. Les attitudes et les expressions y sont variées avec infiniment de goût et d'art : trois petits Anges, dans le haut, concourent à la richesse de ce petit tableau digne, par sa grâce d'être placé dans un boudoir.

CUIP (Albert).

Peint sur toile.—Hauteur, 51 pouces $\frac{1}{2}$; largeur, 68.

49. — A l'heure d'une fraîche matinée, et au milieu d'une campagne d'une vaste étendue, se prépare un départ pour la chasse : déjà un piqueur, sur un cheval brun, a pris le devant et donne le signal du départ en donnant du cor et rassemblant près de lui divers chiens lévriers et de race. Plus loin, un cavalier aussi entouré d'un grand nombre de chiens, chausse l'éperon, tandis que derrière lui un page tient son cheval en bride ; et plus loin, un palefrenier suivi d'un homme à cheval, conduit un cheval de selle à un cavalier placé devant un carrosse attelé de deux chevaux blancs, saluant et donnant la main à une femme pour la

faire monter dans le carrosse. Toute la gauche présente une grande partie de mur en ruines, derrière lequel se prolongent des arbres : du côté opposé, et dans l'extrême lointain, on aperçoit un troupeau de vaches.

Il semble que, dans cet ouvrage, Le Cuip ait voulu se surpasser lui-même, par l'intelligence, la conduite et la dégradation de la lumière, qui y est rendue avec une perfection rare et qui produit le meilleur effet. Chaque groupe, distribué et placé avec art, remplit toute l'étendue du sujet, et formerait à lui seul un tableau précieux, s'il pouvait en être séparé : l'air circule autour de chacun, et le place à la distance que le peintre a voulu lui assigner; et l'immense profondeur qu'il a su établir entre les premiers plans et les plus reculés, conduit à la plus complète illusion; outre ces rares qualités, ce tableau est de la plus parfaite conservation. Nous pouvons ajouter que ce tableau est plus capital et supérieur en qualités à celui de la vente *Grandpré*, porté à la somme de trente mille francs.

WENINX (J.).

Peint sur toile.—Hauteur, 45 pouces ½; largeur, 59.

5o.—Sujet de paysage et marine de la plus heureuse conception, dont le milieu est occupé par un homme conduisant des mulets chargés, et une femme portant un paquet, chassant du bétail devant elle. A gauche, et au pied d'une montagne couronnée d'une forteresse entourée de bastions, on voit un cavalier sur un cheval gris pommelé, accompagné de sa femme montant un cheval baie, et suivis de quelques personnages et d'animaux. La droite représente un port dans lequel il règne un grand mouvement : on distingue plusieurs vaisseaux et barques sous voiles, et nombre de personnages vivifient les différens plans. Dans ce tableau clair et brillant, et d'une belle exécution, on reconnaît la grande facilité et la fécondité du génie de cet habile peintre.

NEER (Vander).

Peint sur toile.—Hauteur, 8 pouces ½; largeur, 11.

51.—Dans ce paysage pris au clair de lune, le peintre semble avoir surpris la nature sur le fait, autant par la vérité du ton mystérieux et magique qu'il a su y répandre, que par les charmes de la perspective. Sur le premier plan, et sur un pont jeté sur une rivière, passe une jeune femme chargée d'un pot au lait; plus loin, un pâtre gardant son troupeau, et un paysage qui, avec la rivière, forme une perspective, et offre un point de vue immense où l'œil se perd.

HUGTEMBURG.

Peint sur toile.—Hauteur, 35 pouces ½; largeur 38.

52.—Des soldats faisant halte au milieu d'un bois, s'occupent à dépouiller des prisonniers de guerre.

HUYSUM (Van).

Peint sur toile.—Hauteur, 32 pouces; largeur, 24.

53.—Dans un paysage de site agréable,

on voit des rochers amoncelés , du milieu desquels s'échappe une source abondante qui bouillonne, tombe en cascade, et forme sur le devant une large nape d'eau : le haut, couronné d'une belle masse d'arbres verdoyante, contraste heureusement avec les premiers plans, sur lesquels le peintre a placé un cerf et une biche qui viennent se désaltérer dans ce lieu sauvage. Ce tableau, original pour la pensée et pour l'exécution , est d'un effet très-piquant. Tout le monde sait que les paysages de ce célèbre peintre de fleurs sont fort rares.

TENIERS (David).

Peint sur bois.—Hauteur , 15 pouces ; largeur , 11 ½.

54.—Un paysage qui, de droite et de gauche , offre des rochers escarpés devant lesquels le peintre a placé un groupe de trois personnages et un chien : dans le fond, on distingue des fabriques. Ce tableau, du ton de couleur le plus brillant, offre une sorte de coquetterie et une légèreté de pinceau inimitable.

SEGHERS (Gerard).

Peint sur toile. — Hauteur, 14 pouces ½ ; largeur,
17 pouces ¼.

55. — Ce tableau, connu par la gravure
de Boisvery, représente le sujet du renie-
ment de Saint Pierre. Dans cet ouvrage,
traité par un pinceau mâle et vigoureux,
et d'un effet de lumière très-piquant, le
peintre a imprimé à chaque figure l'expression convenable au sujet.

ROOS (Henri).

Peint sur toile.—Hauteur, 22 pouces; largeur, 29.

56. — Ce paysage, orné de figures et
d'animaux, est une des plus capitales et
des plus parfaites productions de ce maître.
Au milieu, et sur un terrain élevé, on
voit un cheval pie, et sur sa selle est
attaché le manteau bleu de son maître,
qui le tient par la bride, et se repose sur
les bords d'une rivière, dans laquelle
un de ses chiens se désaltère. Le fond

offre une tour, des arbres et des rochers dans le lointain. A gauche, et aux pieds d'autres rochers et d'arbres, est une femme pâtre tenant un enfant et gardant son troupeau.

LAIRESSE.

Peint sur toile.—Hauteur, 17 pouces ⅓; largeur, 44.

57. — Une mère, caressée par son enfant, représenté en amour, tient une couronne de roses qu'elle va lui poser sur la tête.

MOMERS.

Peint sur bois.— Hauteur, 16 pouces; largeur, 20.

58.—Une femme accroupie et trayant une chèvre ; une autre filant en gardant son troupeau, sont les figures que le peintre a placées dans ce paysage, d'un ton de couleur blond, et d'un pinceau suave. Les amateurs ont enfin reconnu le mérite de cet excellent paysagiste, qui ne le cède qu'à Berghem pour la vérité et la correc-tion, et lui ont rendu justice.

ÉCOLE FRANÇAISE.

POUSSIN (Nicolas).

Peint sur toile.—Hauteur, 21 pouces; largeur, 31.

59.— Au milieu d'une place publique, devant la porte de leurs maisons,
des mères désolées fuient de toute part,
emportant et pressant sur leur sein le gage
chéri de leur constante sollicitude : c'est
en vain qu'elles cherchent à le soustraire
à la mort, des soldats furieux, armés de
glaives et de poignards, les poursuivent,
les atteignent, et, jusque dans leurs bras,
saisissent ces jeunes victimes, et les percent
du coup mortel : tel est le sujet terrible
que le sublime pinceau du Poussin nous
offre dans le Massacre des Innocens.

C'est avec raison que les Italiens le
nomment le Raphaël des Français. Ce

peintre, par l'étendue de son génie, son imagination poétique et la grandeur de ses idées, ennoblit toutes ses compositions : personne n'a mieux rendu et exprimé la passion, les sentimens et les mouvemens de l'ame, ni plus savamment disposé les scènes de ses tableaux.

POUSSIN (Nicolas).

Peint sur toile.—Hauteur, 47 pouces ; largeur, 59.

60.—Poursuivi par les Molosses, le jeune Pyrrhus échappe, comme par miracle, des mains des révoltés : c'est le moment que le Poussin a choisi pour son sujet. Près du jeune enfant on voit un groupe de trois femmes, l'une à genou, qui le soutient, et deux autres debout et frappées de crainte à la vue des guerriers qui poursuivent les révoltés. Plus loin, d'autres guerriers, lançant sur l'autre rive, à des vieillards et des jeunes gens, des pierres et des javelots portant le nom de Pyrrhus sur des banderoles : des boucliers sont épars sur le devant du tableau, dont le fond présente des rochers, des arbres, et des fabriques sur les hauteurs.

Ce tableau, rempli de mouvement et d'action, est un des beaux sujets que le Poussin ait traités, et l'un de ceux dans lesquels il ait montré le plus de savoir. Une pantomime juste et bien conçue, des groupes bien distribués, des attitudes variées et d'un bel élan, des étoffes bien drapées, joints à la beauté du site et à la noblesse des fabriques, forment les qualités qui embellissent cet ouvrage.

POUSSIN (Nicolas).

Peint sur toile.—Hauteur, 39 pouces; largeur, 51.

61.—Paysage historique du plus grand style, enrichi, sur le devant, d'un groupe de trois jolies nymphes qui viennent puiser de l'eau : retenues par les sons que le géant Polyphème, assis au haut d'un rocher, tire de la flûte de Pan, elles paraissent l'écouter attentivement; cependant l'une d'elles est surprise à la vue de deux Faunes cachés derrière des broussailles et des rochers : à droite et près de l'entrée d'un petit bois, est un fleuve ; derrière lui s'élève une masse de rochers balancés du côté opposé, par un groupe d'arbres du plus large feuillé. Ce Paysage, entre-coupé de plaines, d'arbustes, d'arbres, de monticules, de rochers, variés avec art, ferait à lui seul, et sans le secours des figures, un beau tableau.

POUSSIN (Nicolas).

Peint sur toile.—Hauteur, 38 pouces ; largeur, 51.

62.— C'est aupied d'un paysage monta-gneux, devant un piédestal entouré de ruines, que le Poussin nous offre Saint-Jean l'Évangéliste, assis par terre, écri-vant sur sa table, et son aigle près de lui. De beaux arbres ornent les deux ex-trémités du tableau : au milieu, sur un plan reculé et derrière un feuillage, on distingue les restes d'un portique de belle architecture, qui se détache sur une mon-tagne baignée par une rivière, dont les eaux serpentent et se répandent presque sur le devant du tableau : on aperçoit, à droite, et dans l'extrême lointain, des fabriques du meilleur goût.

Quel que soit le sujet que cet habile homme ait voulu représenter, il a toujours su le traiter avec une sorte de poésie, et y a adapté le ton de couleur et le site propre au sujet : là, dans un paysage de la plus agréable verdure, il rassemble des nymphes charmantes ; ici, dans un lieu désert, il fait rêver son Apôtre ; partout on retrouve les traces d'un génie sublime, et d'un penseur profond.

POUSSIN (Nicolas).

Peint sur toile.—Hauteur, 24 pouces ; largeur, 31 ½.

63. — Un paysage clair, brillant et du meilleur goût, arrosé à gauche, par le Nil : on voit ce fleuve assis au pied d'un arbre du plus léger feuillé, auquel sont suspendus un carquois, un arc et un bouclier ; au milieu, sur un terrain élevé, le peintre a placé le sujet de Moïse sauvé des eaux : le moment est celui où sa mère le présente à la fille de Pharaon. Le fond,

de la plus grande richesse de détails, représente un grand nombre de fabriques
qui se groupent, se lient et enchaînent
tout le fond du tableau, terminé par
des montagnes et un joli ciel.

Il n'est personne qui ne voulût posséder
un aussi joli tableau, que sans doute les
amateurs se disputeront. Tout se trouve
réuni dans ce paysage vraiment séduisant,
l'agrément du sujet, la beauté du lieu, les
qualités du coloris, la légèrèté du pinceau et cette aimable harmonie, malgré le
grand jour que le peintre a su y répandre
avec art, et en éclairer toutes les parties.

POUSSIN (Nicolas).

Peint sur bois.—Hauteur, 11 pouces; largeur, 8.

64.—La Vierge tenant l'Enfant Jésus,
qui caresse le petit Saint-Jean, est le
sujet de ce tableau, dans lequel, malgré
le ton un peu rembruni, on reconnaît le
savant pinceau du Poussin.

POUSSIN (Nicolas).

Peint sur toile.—Hauteur , 9 pouces ; largeur , 9.

65.—Cette petite Esquisse, représentant le Sacrement de la Pénitence , est la pre- mière pensée du plus grand Tableau , et dans lequel le peintre a fait des changemens.

LESUEUR (Eustache).

Peint sur toile.—Hauteur , 58 pouces; largeur , 35.

66.—Le Christ mis au tombeau , couché sur un linceul , et entouré de Saints Personnages , est le sujet que l'artiste a représenté dans ce Tableau. Sur le devant, une Sainte Femme , à genou et en pleurs, baise la main du Seigneur, et Saint-Jean d'Arimathie, par derrière, le soutient et le découvre à la Vierge, que cette vue remplit de douleurs. De hautes montagnes servent de fond à cet ouvrage, dont le lointain indique le Calvaire. Quelques accessoires, tels que des vases , une grande draperie blanche jetée sur des pierres, sur laquelle est placé un bassin dans lequel on voit différens instrumens de la Passion, ornent le devant de ce Tableau plein d'harmonie.

CLAUDE LORRAIN.

Peint sur toile.—Hauteur, 8 pouces; largeur, 11.

66.—Vue d'un joli Paysage, éclairé par un soleil couchant, dont les rayons dorés se réfléchissent dans une rivière qui baigne tout le devant du Tableau, et se prolonge jusqu'à l'horizon, terminé par un rideau d'arbres : à droite, sur un tertre élevé, qui se détache devant un beau feuillé d'arbres, on remarque deux personnages et un chien. La composition est relevée, du côté opposé, par un groupe de trois arbres placés sur une monticule.

Rien ne justifie mieux la haute réputation que ce célèbre peintre, le modèle des pay_sagistes, s'est acquise, que le Tableau que nous décrivons, où toutes les parties dans lesquelles cet artiste a excellé, se trouvent réunies ici, comme à dessein. Une composition grande, vasle, un site bien choisi, la lumière qui semble réfléchir celle du jour même, la beauté de la forme des arbres et la légèreté de leur feuillé, le ton vaporeux et magique de l'heure du jour et cette belle dégradation de l'air, qui donnent de l'immensité et de la profondeur au sujet, sont les rares qualités qui composent l'ensemble de cet ouvrage, et qui constatent les continuelles et profondes études que ce peintre a faites de la nature.

LE COURTOIS.

Peint sur toile.—Hauteur, 16 pouces ; largeur, 12.

67. — Celui-ci, dans un point de vue pittoresque, offre, à droite, une montagne élevée, couverte d'arbres ; à gauche, devant une monticule placée dans l'ombre, se détache un arbre dont les branches et le feuillage léger s'élancent dans les airs. On distingue sur le devant, un braconnier avec ses chiens.

Ce Paysage, d'un ton suave, est peint avec une grande légèreté de pinceau.

BOURDON (Sébastien).

Peint sur toile.—Hauteur, 19 pouces ; largeur, 20.

68.—Vue d'un Paysage dont le premier plan de gauche est orné de grands arbres ; à droite, et sur un grand chemin, sont deux bergers et un troupeau de moutons devant eux : plus loin, une belle masse d'arbres occupent une hauteur, arrosée par une rivière, et dominée par un rocher couvert de broussailles.

Les amateurs recherchent avec soin les Paysages de Bourdon, qu'ils comparent avec raison à ceux du Poussin.

CHAMPAGNE (Philippe).

Peint sur toile.—Hauteur, 26 pouces ; largeur, 25.

69. — Assis près d'un puits, Jésus parle à la Samaritaine qu'on voit debout devant lui ; le fond est un Paysage. Le Christ, dans une attitude noble, est vêtu d'une tunique de ton de couleur violet, recouverte d'un manteau bleu : la Samaritaine,

vêtue d'une robe d'un ton gris, sur laquelle
est jetée une draperie jaune. Ce Tableau,
d'un bon ton de couleur, est gravé.

SANTERRE (Jean).

Peint sur toile.—Hauteur, 24 pouces ; largeur, 21.

70. — Buste de femme représentant une
Pélerine vêtue en noir et la tête ajustée
d'un voile de gaze de même couleur,
qu'elle soulève de la main droite avec sa
baguette, et découvre un joli minois
gracieux, dont le haut, dans la demi-
teinte, produit l'effet le plus heureux.

FIN.

www.ingramcontent.com/pod-product-compliance
Lightning Source LLC
LaVergne TN
LVHW021807170726
843503LV00007B/3069